şems-i tebrizi

kalbinde iyilik biriktirenin yolu hep açıktır

Şems ve hayatımızı değiştirecek 10 öğretisi

DESTEK yayınları

DESTEK
MEDYA
GRUBU

DESTEK YAYINLARI: 1281
FELSEFE: 33

ŞEMS-İ TEBRİZİ / KALBİNDE İYİLİK BİRİKTİRENİN YOLU HEP AÇIKTIR
Yayıma Hazırlayan: Ferhat Atik

İmtiyaz Sahibi: Yelda Cumalıoğlu
Genel Yayın Yönetmeni: Ertürk Akşun
Felsefe Serisi Yayın Koordinatörü: Özlem Küskü
Editör: Devrim Yalkut
Kapak Tasarım: İlknur Muştu
Sayfa Düzeni: Cansu Poroy
Sosyal Medya-Grafik: Tuğçe Budak - Mesud Topal

Destek Yayınları:
1.-4. Baskı: Haziran 2020
Yayıncı Sertifika No. 13226

ISBN 978-605-311-847-3

Abdi İpekçi Caddesi No. 31/5 Nişantaşı/İstanbul
Tel. (0) 212 252 22 42
Faks: (0) 212 252 22 43
www.destekdukkan.com
info@destekyayinlari.com
facebook.com/DestekYayinevi
twitter.com/destekyayinlari
instagram.com/destekyayinlari

Deniz Ofset – Nazlı Koçak
Sertifika No. 40200
Maltepe Mahallesi
Hastane Yolu Sokak No. 1/6
Zeytinburnu / İstanbul

DESTEK yayınları KARAKARGA BEYAZ BAYKUŞ genç DESTEK

şems-i tebrizi

kalbinde iyilik biriktirenin yolu hep açıktır

Şems ve hayatımızı değiştirecek 10 öğretisi

Yayıma Hazırlayan: Ferhat Atik

DESTEK
yayınları

Şems kimdir?

Her kim aydınlığı, güneşi, Allah'a olan aşkı anlatmak isterse, cümlelerinde O'nun adını kullanır. Kullanmazsa, anlattığının duygusu da anlamı da eksik kalır.

Her ne kadar adı Mevlana Celaleddin-i Rumi ile tanınmış gibi görünse de aslında "İslam Dininin Güneşi" yani Şemseddin olarak bilinen Tebrizli Şems'in gerçek adı Muhammed'dir (Mevlana Muhammed Bin Ali). Mevlana Celaleddin-i Rumi'nin olgunlaşmasını sağlayan "Sohbet Şeyhi" olarak bilinir ve başta *Divan-ı Şems-i Tebrizi* olmak üzere Rumi'ye birçok eserde ilham ve bilgi kaynağı olmuştur. O, Mevlana Celaleddin-i Rumi'nin gölgede kalan kısmını aydınlatan cevherdir. Şems-i Tebrizi Mevlana Celaleddin-i Rumi'nin "merhamet okyanusuna" okyanus, "bilgi ummanına" umman katar. Onu tıkandığı yerden çıkarır, hakikatin göz kamaştırıcı aydınlığı ile kavuşturur.

Şems-i Tebrizi, İsmailiye mezhebi büyüklerinden Büzrükümid'in torunu Havend Alâeddin'in oğludur. Alâeddin, dedelerinin sapkın inançlarını bir tarafa atarak, baba ve dedelerinin kitap ve defterlerini yakmış, tam anlamı ile İslam ve ehlisünnet inançlarını benimsemiştir. Babası ise ticaret maksadıyla Horasan'dan Tebriz'e gelmiş, oraya yerleşmiştir.

Şems, 1185 yılında Tebriz'de dünyaya gelir. İsmindeki Tebriz-i ifadesi buradan gelmektedir. Muhammed, namı diğer Şems-i Tebrizi veya diğer lakapları ile Şemsü'l-hak ve'd-din; Ali Bin Melikdad (Melik Davud) bir kumaş tüccarıdır. Babası, ticaret amacı ile Horasan'ın Bezer vilayetinden Tebriz'e taşınmıştır.

Kendisine Şemseddin ve ardından kısaca Şems denilmesinin nedeni çocukluğuna dayanır.

Şems-i Tebrizi, henüz küçük bir çocukken manevi ilimlere ilgi duyar ve bu alanda eğitim alarak dehasını gösterir. Hocaları tarafından öğretilen her şeyin derinliğine inme kabiliyeti nedeniyle hep övülür. Dini ilimler konusunda büyük dikkat çeker. Şems-i Tebrizi bunu şöyle anlatır:

"Henüz ilk mektepte idim. Daha buluğ çağına girmemiştim. Peygamber efendimizin sevgisi bende öyle yer etmişti ki, kırk gün geçtiği halde, onun muhabbetinden aklıma yemek ve içmek gelmezdi. Bazen yemeği hatırlattıklarında, onları elimle yahut başımla reddederdim.

Göklerde olan melekleri ve yerde gaip âlemini, kabirdekilerin hallerini müşahede ederdim. Hocam Ebubekir, hallerimi haber vermekten beni men ederdi."

Daha küçük yaşlardayken bile Şems, hakikat peşinde mana arayan bir çocuktu. Kendisine bir gün istediği bir şey olup olmadığı sorulduğunda, onun cevabı, "Keşke bendeki her şeyi de alsanız ve benim olanı bana verseniz..." şeklinde olmuştu. Şems'i tanıyan herkes, ondaki fakılı bakış açısını bilirdi.

Dini eğitiminin temelini üstün başarıyla kısa sürede tamamlamasının ardından, hiç ara vermeden, çok genç yaşlarındayken, kendisi gibi Tebriz'de yaşayan Şeyh Ebubekir Selebaf'ın müridi oldu. Tebriz yakınlarındaki bir tekkede şeyhlik yapan Şeyh Selebaf, geçimini sepet ve benzeri şeyler örüp satarak sağlayan, müritlerine hırka giydirmeyen, fütüvvet yani dönemin esnafı ile birlik içerisinde bulunan ve melamet ehli yani nefsi ile büyük bir mücadele içinde olan sufilerdendi. Şeyh Selebaf'ın Şems'in tasavvufi kişiliğinin oluşumunda önemli bir etkisi vardır.

Ancak Şems, dini kavramların en derinine inen bir zekâya sahip olduğundan sadece bir şeyhin öğretisini kendisi için hep eksik bulmuştu. Bu nedenle şeyhi Selebaf'tan müsaade alarak ününü duyduğu şeyhlerden feyiz almak üzere seyahatlere çıktı. Şems Selebaf'ın yanından ayrıldıktan sonra, Bağdat, Şam, Halep, Kayseri, Aksaray, Sivas, Erzurum ve Erzincan'a gitti.

Bağdat'ta ve Kayseri'de Evhadüddin-i Kirmani ile Seyyid Burhaneddin Muhakkık-ı Tirmizi, Şam'da Muhyiddin İbnü'l-Arabi, Şam Kadılkudatı Şems-i Huyi, Şehab-ı Herive, Sivas'ta kelam âlimlerinden Esedüddin-i Mütekellim ile sohbette bulunup, onların derslerine katıldı. Tüm bu ünlü isimlerden feyiz alsa da Şems'in manevi kaynağı her zaman İslam Peygamberi Hz. Muhammed Mustafa oldu. Şem-i Tebrizi, sürekli seyahatler yapıp önemli sufilerle bir araya gelmesine rağmen, hep bir boşluk ve eksiklik hissediyordu. Onun bu manevi arayışı kendisine bir işaretti. O işareti takip ettiğindeyse yolu Mevlana Celaleddin-i Rumi ile kesişecekti. Mevlana ile yaklaşık üç buçuk yıl sürecek bu sohbetler ve çalışmalar, Mevlana'yı hem bir Hak âşığına dönüştürecek hem de dünyaya Mevlana gibi bir değeri katacaktı.

Şems dünya hayatına hiç kıymet vermeyen birisiydi. Bıkmadan, yorulmadan pek çok yere gitti. Onun için kendisine "Uçan Güneş" derlerdi. Şems-i Tebrizi, seyahat ettiği yerlerde, uğradığı memleketlerde iyi bir dost bulunması için dua ederdi. Israrla yaptığı bu duaların sonucu olarak bir gün rüyasında, "Konya'ya gitmesi ve orada tanıyacağı önemli bir dost şahsın yetişmesinde yardımcı olması" bildirildi. Şems, rüyasından şükrederek uyandı. "Böyle dosta canım feda olsun!" deyip yola koyuldu. Rüyasından bahsettiği birkaç Sohbet Şeyhi'nden birisi de Mevlana'nın hocalarından olan Seyyid Burhaneddin'di. Bağdat'ta tanıştığı Şems'in

Konya'ya er ya da geç geleceğini Mevlana'ya müjdeleyen kişi de oydu.

Şemseddin-i Tebrizi, devamlı bir arayış içerisinde olmuş, manevi bir işaret üzerine de Mevlana Celaleddin-i Rumi'yi arayıp bulmuştur. Dünyaya, kılık kıyafete tamah etmeyen Şems, Mevlana ile üç buçuk yıl süren beraberliği neticesinde onun hayatında yeni ufukların açılmasına vesile olmuş, onu ilahi aşkın potasında eriterek, kâmil bir Hak âşığı haline getirmiştir.

Çevrelerinden gelen tepkiler dayanılmaz noktaya vardığında Şems, Konya'dan ayrılmak zorunda kaldı. Bu ayrılık Mevlana için olağanüstü zorlukta geçecekti. Kendilerine zaman ayırmıyor diye Mevlana'yı eleştiren ve Şems'in şehri terk etmesini sağlayanlar, Mevlana'nın yeni haline dayanamayınca bu kez Şems'in geri gelmesi için gayret göstereceklerdi.

Bir süre sonra Şems, Mevlana Celaleddin-i Rumi'nin oğlu Sultan Veled'in çağrısı üzere Konya'ya geri geldi.

Şems, Konya'ya geri döndüğünde bu yeni başlangıcın aslında kendi hazin sonuna doğru olduğunun bilincinde değildi. Mevlana bir daha şehirden ayrılmasın diye, onu bir kızla evlenmeye ikna etti. Bu kız Celaleddin-i Rumi'nin evinde evlatlık olan Kimya Hatun'du. Kimya Hatun'a gizliden âşık olan Mevlana'nın küçük oğlu Alâeddin, bu durumu hazmedemedi ve Şems aleyhtarlarının yanında saf tuttu.

Şems ve Rumi, üç buçuk yıl boyunca beraber ettiği sohbetlerle insanlığa ve tüm zamanlara kalacak eserler yarattılar.

Ancak bir gün bu sohbetler sona erdi.

Rumi'yi ilmi olgunluğa kavuşturma, Celaleddin'i Hz. Mevlana'ya dönüştürme, ummana umman katmanın ardından, 1247 yılında, 62 yaşında ve henüz hayatın, bilginin demindeyken Şems-i Tebrizi, Konya'da şehit edildi.

Şems-i Tebrizi, oldukça ileri düzeyde tasavvufi bilgiye sahipti. Üst düzey tasavvufi kavramları, daha çocuk yaştan itibaren ruhunun derinliklerinde hissetmiş bir isimdi. Mevlana'nın eserlerini İngilizceye kazandıran Reynold Alleyne Nicholson Şems'i şöyle anlatır:

"O, âlim olmamakla beraber, iddetli bir ruhani cezbenin tesiri altında bulunuyordu. Bu anlamda tasavvufun en derin sırlarına hâkimdi. Bu sebeple, etrafında olanlar üzerinde muazzam bir etki bırakıyordu. Gerek bu itibarla, gerek iddetli azmi, fakr, esrarengiz ölümü sebebiyle Şems ile Sokrat arasında bir benzerlik göze çarpar.

Her ikisi de dâhiydi. Yine her ikisi de, somut ve etkili fikirlerinin birer sanatkârane şekil almasını sağlıyorlardı. Üstelik her ikisi de açıkça bilinirliği olan ilimlerinin gereksizliğini savunmuş, nefis konusunu temize çıkarmanın ve vicdanın temizlenmesinin zorunlu olduğunu savunmuş, aşkın yüce bir varlık olduğunu dile getirmişlerdir."

Gerçekten de Sokrat'ın Eflatun'a öncülük etmesi gibi Şems de Mevlana'ya öncülük etmiştir. Sokrat'ın tanınması nasıl talebesi Eflatun sayesinde olmuşsa, Şems'in şöhret kazanması da Mevlana aracılığıyla olmuştur.

"Eğer bir kimse bana, ahiretim ile ilgili bir defa iyilik edip, dünya ile ilgili binlerce kötülük etse, ben onun bir defa yaptığı iyiliği önemli görürüm. Çünkü iyi ahlak bunu gerektirir."

"Bazen uzaklaşmak gerekir,
yakınlaşmak için.
Bazen hatırlamak gerekir,
hatırlanmak için.
Bazen ağlamak gerekir,
açılmak için.
Bazen anmak gerekir,
anılmak için.
Bazen susmak gerekir,
duymak için."

Makalat

"Allah'ın sırrı sensin, kalbine yolculuk et."

Makalat, Şems-i Tebrizi'nin bildiğimiz tek kitabıdır. Türkçede "konuşmalar" anlamına gelir. Şems'in verdiği sohbetlerden, zaman zaman Mevlana ile konuşmalarının bazı kesitlerinden, kendisine sorulan sorular ve cevaplarından derlenmiş, kendisi tarafından yazılmamış bir eserdir. *Makalat*, Mevleviler tarafından *Hırka-i Şems* ve *Esrar-ı Şemseddin-i Tebrizi* isimleri ile de anılır. Bazı nüshalarda adı *Kelimat-ı Şems-i Tebrizi* ve *Ma'arif-i Şems-i Tebrizi* şeklinde de kaydedilir.

Eserin Sultan Veled ya da onunla birlikte birçok kişi tarafından derlendiği ileri sürülmüştür. İsmail Ankaravi ve Muhammed Ali Muvahhid ise Mevlana tarafından derlendiği kanaatindedir.

Eser birkaç açıdan çok önemlidir. Ölümsüzlüğü sadece Şems'e ait olmasından gelmez, *Makalat*, iki umman arasındaki sohbetlerin dışına taşar, Mevlana'nın özel yaşantısı ve bilmediğimiz pek çok özelliği hakkında da bilgi verir. Bilinmeyen, gizli kalmış birçok konuyu açıkladığı gibi Mevlana'nın, Şems'e nasıl tabi olduğunu da anlamamızı sağlar. Aynı zamanda Şems'in hakikati arayışındaki keskin zekâsını da bize gösterir.

Eser sadece Şems ve Mevlana'yı anlatmakla kalmaz, dönem hakkında da canlı bilgiler verir. *Makalat* ve *Mesnevi* arasında güçlü bağlantılar vardır. Mevlana *Makalat*'ın birçok kısmını *Mesnevi*'de kullanmıştır.

Verdiği sohbetlerde sıklıkla Mevlana'yı anlatan Şems, bakın ondan nasıl söz eder:

"Dünyanın hiçbir yerinde Mevlana'nın eşi ve benzeri yoktur. Bütün fenlerde, temel bilgilerde, din bilgisinde, gramer, sentaks, mantık ilimlerinde en büyük uzmanlarla kuvvetle konuşur, tartışır; onlardan daha üstün, onlardan daha zevkli, onlardan daha latiftir. Gerekirse, gönlü isterse, üzüntüsü engel değilse ve konunun tatsızlığı sebep olmazsa, hepsinden daha yetkili konuşur. Ben akıl yönünden bilinmesi gerekli bu bahislerde yüz yıl uğraşsam ondaki ilim ve hünerin onda birini elde edemem. Halbuki o kendisini bilmezlerden sanır ve öyle zanneder. Benim önümde, beni dinlerken, nasıl anlatayım, ayıptır söylemesi, babasının önüne oturmuş iki

yaşında bir çocuk yahut Müslümanlığa dair hiçbir şey işitmemiş dönme bir Müslüman gibi öylesine utangaç bir hal alır."

Makalat, Şems-i Tebrizi'nin hadis gibi, tefsir gibi, fıkıh ve felsefe gibi bilimlerde de ne kadar etkili bir akla ve kalbe sahip olduğu konusunda önemli delilller sunar. Doğal bir sohbet yoluyla Allah'ın sırrı olarak bilinen şeyin insan oluşunu da anlamamıza yardımcı olur.

"Susmak, mana eksikliğinden değil, mananın parlaklığındandır."

"Ne zaman ki iyiliğim, kötülük olarak algılandı, anladım ki ben doğru yoldayım."

Şems-i Tebrizi'nin arayışı

"Bana bakan kişi, bende kendini görür."

Şems, *Makalat*'ta şöyle der:

"Kendime dedim ki, beni yaratan Allah ile doğrudan doğruya konuşmadıkça ve sorduğum sorulara cevap almadıkça benim yemek veya uyku ile ne işim var? Bu âleme körü körüne yemek yiyip içmek için mi geldim? O'na neden geldiğimi ve nereye gideceğimi sormalıyım, ancak ondan sonra yemek yiyip uyuyabilirim. Ayrıca kurtuluşum ve sonum hakkında da bilgi almalıyım ki burada rahat ve dertsiz bir hayat sürebileyim. Çocukluğumdan beri amacım bu idi ve hep buna yöneldim. Hani bir çocuğun eli yandığı zaman annesi hemen harekete geçer, türlü çareler arar ya, işte Allah da sevgisiyle bana öyle yardım etti."

Şems yaşamı boyunca bu arayışını sürdürür. Kendisi bir umman olmasına rağmen arayışında karşısına çıkanlar bu susuzluğu gideremezler, ta ki Mevlana ile karşılaşana kadar...

Şems bir gezgindi ancak öncesi vardı. O sıradan bir gezgin değildi. Şems, yollara düşen bir derviş olmadan önce, iyi bir eğitim almıştı. Arapçayı ve Farsçayı çok iyi biliyordu. Bu dillerin edebiyatına hâkimdi. Ayrıca astronomi, astroloji, mantık ve fıkıh alanlarında da derin bir bilgisi vardı. Felsefeye de hâkimdi.

"Bana bakan kişi, bende kendini görür..." cümlesini anlamak hiç kolay değildir. Onun arayışı ve anlayışı, bir yandan öğretilerinin örülmesine neden olurken öte yandan hakikatin peşinde bir okyanusa dönüşünü simgelemektedir. İnsanın her rengini anlatmaya ve en aydınlık tarafa davet etmeye kendini adayan Şems şöyle der:

"İnsanların bazıları karanlıktır. Onlara da nur yağar ama onların gözleri bu nurun oluşturduğu umut ipini tutup da aydınlığa ulaşmalarına kapalıdır. Onlar karanlıktadır. İnsan sayısız kitap okusa da Allah'a ulaşması mümkün olmaz. Çünkü birçok insan başka insanlarla birlikte yaşadıkları halde birbirini gerçekten tanımaz. Birbirini her gün görüp de tanımayanlar için O'nu anlamak ve tanımak nasıl mümkün olacaktır? Birisinden nasip alabilmek için ona, gönül gözü ile bakabilmek gerekir. İşte sizi de tanımaları için gönül gözünüzün açık olması gerekir."

Şems, arayışında görmenin en değerli yanının sevgi gözü ile görmek olduğunu anlar. Onun için gezdiği yerlerin, gördüğü yüzlerin anlamı vardır. Her bir yüzü tanımak ve anlamak ister. Çünkü her birisi, onun arayışı içinde olduğu güzel Allah tarafından yaratılmıştır. O'nu görmenin tek yolu sevgidir.

"Bana Mecnun gözüyle bak. Çünkü sevgiliye hep sevgi ile bakılır. Bunun için Allah Kuran'da 'Allah onları sever, onlar da Allah'ı severler' demiştir. Bütün engel Allah'ı yeterince veya olması gerektiği gibi sevmemek ya da sevmeyi bilmemektir. İnsanlar Allah'a sevgi ile bakamazlar. Allah'ı sevgi gözüyle aramak gerekir."

"Her işin vakti gelmedikçe,
sana dostun dostluğu fayda vermez."

"Öyle bir söz
söyle ki,
ya yaşat
ya da öldür
ama asla
yaralı bırakma."

O'nun evi

"Hayatta her şey olabilirsin; fakat önemli olan hayatın içinde insan olabilmektir."

Külli iradede yazılı olsa da, cüzi irade ile bazen, kendi kaderimizi kendimiz çağırırız. Biz bir yola çıkarız ve yola çıkma kararını kendimiz aldık sanırız. Oysa hayat, biz onu yaşarken çizilen yollardır. Hep önceden, hep bizden önce çizilen yollar...

Şems gezer, görür, dinler ve öğrenir, öğrendiklerini ise kendine bırakmaz, herkesle paylaşır, öğrenilmesini sağlardı. Sık sık yollara düşer, farklı yerler farklı insanlar görürdü.

Bir gün bu yolculuklarından birinde, zaman zaman dinlenmek ve geceyi geçirmek için konakladığı hanlardan birisine girmek ister. Yolu uzundur, geceyi burada geçirmesi uygun olacaktır. Fakat bu han da, daha sonra deneyeceği diğer hanlar da doludurlar, başını koyacak bir yastık bulamaz o gece. Aklına camide sabahlamak gelir. Camiye girip yatsı namazını cemaatle birlikte kılar. Cemaat dağıldığında ise zikirlerini bitirir ve ardından duasına devam eder. Duasını bitirdiğinde, camide hiç kimse kalmamıştır. Cüppesini çıkarıp başının altına koyarak bir kenara uzanır, biraz olsun dinlenmektir niyeti, kalbinde Hak aşkıyla uyuyabilmektir. Günlerce süren yolculuğun verdiği yorgunlukla uykuya dalar. Bir süre sonra caminin kapılarını kilitlemek üzere gelen kayyum, camide bir yabancının yattığını görünce, yanına yaklaşıp onu uyandırır. Şems doğrularak kimseye bir zararı dokunmayacağını, uzak yoldan geldiğini, hanlarda yatacak yer bulamadığını ve başka kalacak bir yeri de olmadığını, o yüzden geceyi burada geçireceğini söyler. Bu sözlere kayyum ikna olmayınca camiden derhal gitmesini söyleyerek onu kovar.

Şems cüppesini toplayarak sessizce çıkar kapıdan. Camiden çıkmasını isteyen kayyum onun ardından bakarken, aniden boğuluyormuş gibi olur. "İmdat boğuluyorum!" diye bağırmaya başlar can havliyle, sanki bir el boğazına yapışmıştır. Kayyumun sesini işiten imam koşarak yanına gelir, "Ne oldu, niye bağırıyorsun?" diye sorar nefes almakta zorlanan kayyuma. Kayyum durumu anlatır nefesi yettiğince, imam durumu anlar, hemen camiden çıkıp koşarak Şems'in yanına varır. "O cahildir, bir terbiyesizlik etmiş, onu affedin..." der sadece. Şems

"Onun işi benden çıktı. Benim yapabileceğim bir şey yok. Onun için ancak dua edebilirim ve bunu yapacağım..." diye cevap verir.

Kayyum bu duanın ardından ancak kendine gelir, kim olduğunu anladığı Şems'e koşar ve ondan özür diler. "Bu özrü hak eden ben değilim. Ben kimim ki! Sen Allah'tan özür dilemelisin. O'nun evinden kimseyi kovamazsın!" diyerek geceyi geçirmek için başka bir yer bulmak üzere oradan ayrılır Şems... Kalbinde yine Hak aşkıyla...

"Hayat bu, bir bakarsın her şey bir anda son bulur.
Hayat bu, son dediğin an her şey
yeniden can bulur.

"Esrar hazinesinin
düğümünü
çözmek için,
Muhammed'in
elinden ve
gönlünden
başka bir
anahtar yoktur."

Şems'in 10 öğretisi

"Kalbinde iyilik biriktirenlerin yolu daima açıktır."

Gezginler öğretirler. Gezginler gördüklerini anlatırlar. Onların gözünden göremediklerimizi görür, onların sesinden duyamadıklarımızı duyarız. Gezginlerin Şems-i Tebrizi gibi hem sufi hem seyyah olanlarından ise her şeyi öğreniriz. Anlarız. Onlar sadece gezip gözlem yaparak aktarmazlar. Onlar dinlerler, öğrenenden öğrenirler, biriktirmezler aktarırlar.

Sufi gezgin Şems-i Tebrizi, anlatıcıların en büyüğüdür. Hayatı boyunca onlarca şeyhin ve İslam dehasının sohbetlerine katılmış ve hepsinin toplamı olmuştur. Daha çocuk yaşlarda ulemaları etkileyen İslam ve Allah aşkı ile donanan Şems, Allah'a adadığı ömrü boyunca öğrendiklerini Mevlana'yı olgunlaştırma çabaları üzerinden ve sohbetleri ile doğrudan bizlere aktarmış ve bizlere hayatımızı anlamlı kılacak, uygularsak değiştirecek, huzura kavuşmamızı sağlayacak 10 önemli öğretiyi armağan etmiştir.

1. Dürüst ol, dürüst insanlarla ol: "Nefsinin seni yakmasına izin verme!"

Şems, *"Dürüstlük bir şehirdir, ben de o şehrin sultanıyım, onda kendim yaşayayım, kendim öleyim, kendim korunayım..."* der. Dürüstlüğün yegâne sultanlığının önemine değinen Şems, nefsin insanı yenmemesi gerektiğini, böylesi bir yenilginin Allah katındaki tehlikesini anlatır. *"Nefsin seni yakmasına izin verme. O en sevdiğin Allah'ı kalbine alacaksan, dürüstlükle nefsini yenmen, kalbini temizlemen gerekir."* Bu temizliğin yegâne yolu, dürüstlüğü sürdürmek ve dürüst olanlarla birlikte olmaktır.

2. Sabır bir duadır: "Dikene baksan da gülü hayal et..."

"Her şey vaktini bekler..." der Mevlana. Sabır bir sufinin tasavvuf yolculuğundaki yoldaşıdır. Şems ise sabrın manasını *"Sabır sonunu gözlemek, sabırsızlık sonunu göremeyecek kadar kısa görüşlü olmaktır..."* diye tarif eder. *"Sabretmek öylece oturup beklemek değil, ileri görüşlü olmak demektir. Dikene bakıp gülü, geceye bakıp gündüzü hayal edebilmektir."* Şems'in sözlerinde sabretmek zamanın sahibine dua etmektir. Biliriz ki gökteki ayın hilalden dolunaya varması için zaman gerekir.

3. Bil ama önce dinlemeyi bil: "Yazının kaleme gelmeyen sesi kısılır..."

Şems, *"Söz dinlemeye kabiliyetli kimse bulunmazsa, o söz geldiği yere gider. Sözü dinleyen başkalarının sözünü de dinlemeye kabiliyetli olduğunu söylerse o, söz söylemekten de, dinlemekten de âcizdir. Konuşmak can yıkmak, dinlemek can beslemektir. Yazının kaleme gelmeyen sesi kısılır, harfler silinir..."* der. O zaman susmak, mana eksikliğinden değildir, belki de mananın zenginliğindendir. Dinlemek, söylemekten bu nedenle daha değerlidir.

4. Sitem etme: "Şükretmesini bil!"

Şems der ki: *"Bir dua edersin. Sonra olmadı mı sızlanırsın. Ama gün gelir o dua olmadı diye şükredersin."* Sitem hissedecek şeyler yaşamanın ve bunu yenmenin de bir sınav olduğunu anlatmak isteyen Şems, *"Kuyu kazan kimse sudan nasıl kurtulabilir?"* diye sorar. Hayatı boyunca insanın sitem edebileceği şeyler yaşamasına rağmen şükretmesinin sınavından bahseder.

5. İstemeyi bilmezsen alamazsın: "Allah isteyeni sever..."

İsteme makamının Allah olduğunu anlatan Şems bunu, *"İnsandan isteme, seni sevmez, Allah'tan iste ki Allah isteyeni sever..."* diye anlatır. İnsan nefsi hep ister. Ama insan kalbi neyi isteyeceğini bilmelidir. İstemeyi bilmeyen almayı beceremez.

6. Acele etmek isyan etmektir: "Acele eden derinliği göremez!"

Neyin ne zaman olacağını sadece Allah bilir. Şems, *"Sabır ne kadar Allah'tansa, acele de o kadar şeytandandır..."* derken acele etmenin sadece şeytana uymak değil, zamanı yaratana da isyan olduğunu belirtir: *"Acele, şeytan işidir. Acele edenler, suretten başka bir şey göremezler. Çünkü onlar, hep görünüşe bakarlar ve sureti görürler. Günahlarından dolayı da mağfiret dilemezler."*

7. Tövbe makamı hep açıktır: "Yine de sen günahtan korun..."

"Tövbe, Hz. Âdem'in ve evladının sıfatıdır. Hatada, günahta direnmek de iblisin." Şems'e göre, sağlığı korumak, sağlık aramaktan; günahtan korunmak da tövbe istemekten daha kolaydır.

8. İyi bir kalp kötülüğe kalkan olur: "Batın namazı, kalp huzurudur..."

"Peygamber'e vahiy kalp yoluyla da gelirdi. Velilere ancak bu yoldan gelir. Nasıl ki Hazreti Peygamber, bu vahiy sırasında, 'Aramıza ne bir kitap sahibi peygamber ne de yakın meleklerden biri sokulabilir...' buyurmuştur, kalbimizi ancak iyilikle harmanlarsak kötülüğün işlemeyeceği bir kalkana sahip oluruz."

9. Marifet kendi kusurunu görmektir: "Kusurunu gördün diye aynayı yere vurma!"

"Aynaya secde de etsen bir an bile değişmez. O sana ne görürse onu gösterir. Sen bir kusuru aynada değil,

aynaya bakan kendinde ara. Her kusurunu gördükçe aynayı yere vurmayacaksın, onun cevherini kırmayacaksın..." der Şems. Esas marifet kendi kusurunu görmektir.

10. Umutsuzluk mutsuzluk getirir: "Umut bulutunun yağış vakti elbet gelecektir..."

"*Umutsuz olma! Yüzün saf aya, temiz ışığa dönsün. Doğruya, huzura, rahata kavuşturan umuttur. Karanlık, bulanık günler geçer.*" Şems umudun bekçisidir. "*Umut bağladığın aslında Allah'tır...*" der. Umutla bağını koparma.

"İlim üç şeydir:
Zikreden dil, şükreden kalp, sabreden beden."

"Sen ol da
ister yâr ol,
ister yara.
Lütfun da
başım üstüne,
kahrın da."

Bir karşılaşma, bir kader

"Bir gül kadar güzel ol
ama dikeni kadar zalim olma..."

Şems-i Tebrizi, Konya'ya gelip Şekerciler Hanı'nda kalmaya başlar. Günlerini bu han ve çevresinde geçirirken bir gün, kapı önünde oturmaktadır. O sırada Mevlana öğrencileri ile dergâhtan çıkmış Şems'in oturduğu yerden geçmektedir. Mevlana, kıyafetinden yabancı olduğunu anladığı Şems'e bakıp selam verir ve yoluna devam eder. Ardından Şems'in yanına geldiğini görür. Mevlana Şems'e "Bir şey mi istiyorsunuz?" diye sorar. Şems, "İsminizi öğrenmek istiyorum..." deyince o da ismini söyler. Bunun üzerine Şems "Bir sorum var..." der. "Acaba Hz. Muhammed mi, yoksa Bayezid-i Bestami mi büyüktür?" Mevlana soruya şaşırsa da hemen cevaplar:

"Elbette ki İslam Peygamberi Hz. Muhammed efendimiz büyüktür. Bütün mahlukat ve hatta Bayezid onun hürmetine yaratıldı."

Bu cevabı zaten beklemekte olan Şems bu kez "Peki, Hz. Muhammed, 'Biz seni layıkıyla bilemedik ya Rabbi!' dediği halde, Bayezid-i Bestami nasıl olur da 'Benim şanım ne yücedir...' diyebilir?" diye sorar. "Bunun hikmetini söyler misiniz?"

Mevlana, buna da hemen cevap verir:

"Peygamber efendimizin mübarek kalbi öyle bir deryaydı ki, ona ne kadar marifet, ilahi aşk tecelli etse, ne kadar Allah'ın sevgisi dolsa onu içine alır, onu kuşatırdı. Hatta daha çoğunu isteyip, 'Ya Rabbi! Verdiğin bu nimetleri daha da artır...' buyurdu. Fakat, Bayezid-i Bestami'nin kalbi o kadar geniş olmadığı için, ilahi feyizlere tahammül edemeyerek, ufak bir tecelli ile dolup taşardı. Az bir feyizle taşınca da böyle şeyler söylerdi."

Yıllardır hakikat sohbetini arayan Şems, Mevlana'nın bu cevapları üzerine kendinden geçercesine mutlu olur. Ardından Mevlana sorar ona ismini. Şems olduğunu öğrenince heyecandan neredeyse titreyecek hale gelir. Çünkü, karşısında hocası Seyyid Burhaneddin'in kendisini er ya da geç bulacağını söylediği Şems durmaktadır.

Bunun üzerine Mevlana, "Ey muhterem efendim! Gerçi evimiz size layık değil ise de, zatıâlinize sadık bir köle olmaya çalışacağım. Kölenin nesi varsa efendisinindir. Bundan böyle bu ev sizin, çocuklarım da evlatlarınızdır..." diyerek onu evine ve ailesinin arasına alır, hizmetine koşmaya başlar.

Mevlana, gece gündüz yanından ayrılmadan, Şems'in sohbetlerini dinlemeye başlar. Bu uzun soluklu sohbetlerde, birçok hizmet Mevlana'nın oğlu Sultan Veled tarafından karşılanır. O güne kadar birçok talebesi olan ve camilerde herkese sohbetler vererek dertlerine çözüm bulmaya çalışan Mevlana, bu sürede artık talebelerine ders vermeyi ve insanlarla camide hatta sokakta bile sohbet etmeyi keser. Artık onun için Şems'le geçirdiği uzun sohbetler ve tefekkürle, namazla, zikirle geçen günler başlar.

Şems, sohbet ehli ile bir arada olmaktan ve ikisinin de birbirlerinden beslenerek geliştiklerini görmenin hazzı ile doluyken, Mevlana o güne kadar kat ettiği yolun kat kat fazlasını sadece bir günlük sohbette almaya başlamıştır. Bu sohbetler hakikatin peşinde derinliği giderek artan sohbetlerdir.

Tasavvufun tüm aydınlığı dostlukla onları kucaklamaya başlamıştır.

"Güzel bir gülü, güzel bir geceyi, güzel bir dostu herkes ister. Önemli olan gülü dikeniyle, geceyi gizemiyle, dostu tüm derdiyle sevebilmektir."

"Sevmek
bu kadar güzelse,
kim bilir
sevmeyi yaratan
ne kadar
güzeldir."

Peygamber sevgisi ve Şems'in halleri

"Senin baktığına herkes bakar.
Ama senin O'nda gördüğünü herkes göremez."

Şems'e göre, hakikate varmak için, sünnet-i seniyyeye uymak, gösterişten uzak durmak, hal ehli olarak sözde kalmayıp, inandığını yaşamına alıp yaşamak ve ilahi aşka olan yolculuktan hiç vazgeçmemek gerekir. Şems-i Tebrizi tıpkı Mevlana Celaleddin-i Rumi gibi, İslam Peygamberi Hazreti Muhammed Mustafa'ya sonsuz bir sevgi ve saygı duymaktaydı. Mevlana bu sevgisini ifade etmek için şöyle demişti:

"Canım bedenimde oldukça Kuran'ın kuluyum. Seçilmiş Muhammed'in yolunun toprağıyım. Birisi sözlerimden, bundan başka bir söz naklederse, o nakledenden de rahatsız olurum, bu naklettiği sözden de."

Hazreti Muhammed'e olan sevgisini ifade etmek için Şems ise şunları söyler:

"Muhammed öyle bir nurdur ki, bütün nurların en parlağı, en üstünüdür. Nihayet gör ki, o çilede ve o zikir âleminde hiç Muhammed'e uyma hakkında bir işaret var mıdır? Evet Musa'ya kırk gece diye bir işaret verildi. Muhammed'e uymak ciheti nerede kaldı ki, Musa onu dilememiş olsun! Belki, 'Ya Rabbi beni onun atının terkisine yapışanlardan eyle!' diye yalvarır."

Görülüyor ki şeriata bağlılık, kulluk düzeyini taklitten tahkike çıkarmak, gösterişten uzak, aşk ve iman yolunda yürümekle ilgili Mevlana ile Şems arasında tam bir uyum mevcuttur. Ancak bu iki isim huyları açısından birbirlerinden farklıdır. Mevlana temkin ehli bir sufi iken, yani bir işin sonunu düşünerek ona göre davranmayı tercih ederken Şems, telvin ehlidir, yani halden hale geçen bir karaktere sahip, duygularını aşırı yaşayan bir sufidir.

Sohbetlerinde de Şems bu telvin halleri ile, etrafındakileri adeta büyülerdi, bu nedenle de onu dinlemek isteyen çok olurdu. Bunlardan birisi de devrin önemli isimlerinden biri olan Evhadüddin Kirmani'ydi. Kirmani Şems'e mürit olmak istemişti. Şems önce kendisini "Sen bizim sohbetimize dayanamazsın..." diyerek kabul etmedi. Kirmani'nin ısrarı üzerine Şems ona bu telvin hallerinden birisi ile hiç beklemediği bir soru sordu:

"Mesela, Bağdat pazarında halkın gözü önünde şarap içebilir misin?" Kirmani bir tek "Yapamam..." diyebildi. Şems bu kez "Peki, bana şarap getirebilir misin veya ben içerken yanımda oturabilir misin?" diye sordu. Kirmani bu soruya da hayır cevabını verince Şems "O halde, benden uzak dur!" dedi.

Aslında Şems'in şarapla hiçbir ilgisi yoktu. Bu sorulardaki amacı, kendi meşrebine göre bir imtihan yapmaktı.

"Hakkı isteyen ve O'na âşık olanlar,
sema ettikleri zaman manevi halleri çoğalır."

*"Dünya, insanı,
heva ve hevesine
kaptırır, nefsin
arzularına
uydurur."*

Başlangıç

"Kır kalemin ucunu.
Bundan sonraki yolculuğumuz
aşk yolculuğudur.
Aşkı kalem yazmaz ki
kitaplarda bulasın."

Mevlana bir gün havuzun kenarında oturmaktadır. Yanında ise her zamanki gibi kitapları vardır. Şems gelip, Mevlana'nın bakışları arasında kitapları sessizce alır ve havuzun içine fırlatır. Kitapların suya atılması üzerine, Mevlana sakin ve hoşgörülü tavrı ile "Babamın yazılarını da suya attın..." der. Üzülür. Bunun üzerine Şems kendinden emince gülümser, elini uzatır, suya attıklarının her birini geri alır. Hiçbiri en küçük bir zarar görmemiştir.

Mevlana, "Bu nasıl bir iştir?" diye sorar. "Bu haldir..." der Şems. "Hemhaldir!" Mevlana, Şems'in bu kerametini görünce daha fazla etkilenir.

Mevlana'nın oğlu Sultan Veled bu etkilenmeyi şöyle anlatır:

"Ansızın Şems-i Tebrizi hazretleri gelip babam ile görüştü. Babamın gölgesi, onun nurunda yok oldu. Onlar birbirlerine öyle muhabbet gösterdiler ki, etraflarında kendilerinden başkasını görmüyorlardı. Şems-i Tebrizi, babama marifetten Allah'a, sıfatlardan ince bilgilere kadar her şeyden bahsediyordu. Babam da bunları büyük bir hazla dinliyordu. Eskiden herkes babama uyardı, şimdi ise babam Şems'e uyar oldu. Şems babamı muhabbete davet ettikçe, babam, Allah muhabbetinden yanıp kavrulurdu. Babam artık onsuz yapamıyor, yanından bir an ayrılmıyordu. Bu şekilde aylarca sohbet ettiler. Böylece babam pek büyük manevi derecelere yükseldi."

Şems ve Mevlana'nın giderek derinleşen İslam ilmi sohbetleri, çevredeki herkesçe bilinmektedir artık. Mevlana bu sohbetlere ayırdığı zaman yüzünden artık ne derslere katılmakta ne de kimselerle görüşmektedir. Bu durum onu sevenlerce yadırganmaya başlar. Etrafındakiler Mevlana'ya ulaşamadıkça Şems'e öfkelenirler, kızgınlıklarını da oğlu Sultan Veled'e aktarırlar. Bu kızgınlık ateşi harlandıkça harlanır, yakıcı bir ayrılığın habercisi olur.

Olacaklardan habersiz Hak aşkının iki yolcusu, bir yandan Hak aşkının derinliklerini bir yandan birbirlerine yansıyan aydınlığı keşfederler. Şems böylesi bir zamanı şu satırlarla ölümsüz bir şiire çevirir:

"Heyhat!

Mum gibi erimiyorsa insan, yanıyorum dememeli.

Yanmaktan korkuyorsa kişi, aşk kapısından girmemeli.

Ya kor yürekli olmalı insan ya da kor barındıracak kadar yürekli."

Hak yolundaki aklın sınır koyamadığı bir süreçte hemhal olmak ve halden hale geçmek, onların yerinde olmadan anlaşılacak bir durum değildir. Bunu ancak onların dilinden dökülen sözcüklerin derinliğinden anlayabilmek mümkündür.

"Bil ki güneşe bakmaya cesareti olmayan gölgede kalmaya, gölgeyi ışık sanmaya mahkûmdur."

"Başkalarına
baktığın gözle,
Leyla'yı nasıl
görebilirsin?
Onu gözyaşlarınla
tertemiz
yıkamadıkça!"

Ayrılık

"Gerçek bir mürşit seni, kendi içine bakmaya ve nefsini aşıp kendindeki güzellikleri keşfetmeye yönlendirir."

Bu dostluktan büyük rahatsızlık duymaya başlayan kötü niyetli kimselere göre tüm olanların sorumlusu Şems'ti. Bu söylentiler ve halk arasındaki gıybet, Mevlana'ya kadar geliyordu. Çevreden duyulanlar şöyleydi:

"Bu kimse Konya'ya geleli, Mevlana bizi terk etti. Gece gündüz hep birbirleriyle sohbet ediyorlar da, bizlere hiç iltifat göstermiyorlar. Yanlarına kimseyi de koymuyorlar. Mevlana, Sultan-ül Ulema'nın oğlu olsun da, Tebriz'den gelen, ne olduğu belli olmayan bu kimseye gönül bağlasın. Onun için bize sırt çevirsin.

Hiç Horasan toprağı ile Tebriz toprağı bir olur mu? Elbette Horasan toprağı daha kıymetlidir."

Bu söylentilere Mevlana'nın yanıtı gecikmedi:

"Hiç toprağa itibar olunur mu? Bir İstanbullu, bir Mekkeliye galip gelirse, Mekkelinin İstanbulluya tabi olması hiç ayıp sayılır mı?"

Mevlana özellikle Şems'in bu duyulanlara duyduğu üzüntüyü gördükçe bu söylentilerin önüne geçmek için uğraşsa da söylentiler durmaz. Şems-i Tebrizi Konya'da daha fazla kalamayacağını anlamıştır. Çok kıymetli dostunu, o mübarek ahbabını, ummanlarına ummanlar kattığı kardeşini Konya'da bırakarak Şam'a gider.

Şems-i Tebrizi'nin aniden gitmesi Mevlana'yı derinden yaralar. Günler ilerledikçe, ayrılık acısı dineceğine daha da artar.

Mevlana'nın duyduğu acı ona duyduğu sevginin ve verdiği değerin katbekat üstündedir. *Makalat*'ta bulunan birçok hikâyeyi *Mesnevi*'de anlatır. Hatta birçok şiir ve gazelini de Şems yazdırmış gibi yazar.

Şems'teki Mevlana aşkı da yücelerdedir. O kadar ki, Şems Mevlana'yı ailesinden çok daha yakın görür:

"Ben Murad yani istenilen kişi. Mevlana ise Murad'ın Murad'ı oldu. Bana, ne babam ne anam Mevlana'nın gösterdiği ilgiyi gösterdi. O benim sözlerimi en hoş şekilde söyledi. O, benim kendisine yapmadığım iyilikleri bana yaptı."

İkisinin de kalemine gözyaşları eşlik ederken aylar geçer...

"Arş dönüyor, yıldızlar dönüyor dersin.
Zahirdir gördüğün, zahirde dönersin.
Marifet dönmek değil, bulmaktır bilesin."

"Bir an bekle,
arkana dön
ve unuttuklarını anımsa.
Kaybettiysen ara,
kırdıysan af dile,
kırıldıysan affet,
çünkü hayat
çok kısa."

Aşk, vecit, istiğrak ve gidişin acısı

"Nice yüksek dağlar var ki
tepeleri yüce ve sivri şerefelerdir.
O tepeler zamanla aşınır ama
dağ yine dağ olarak kalır."

Aşk...

Allah'ı sevme yolundaki tüm sınırların kaldırılması hali. Buna aracı olanı sevme, hatta öyle bir sevme ki onu incitmekten sakınma hali, incitip kırmaktan korkma hali...

Vecit, insan ruhunun dünyevi gerçeklikten kurtulup, kendinden geçmesi...

İnsanın bilincinin ve tüm algısının Allah aşkında yok olması, hiçliğe varması hali...

İstiğrak, Allah aşkının derinliklerine dalarak, onun dışındaki her şeyden arınma hali...

Merhamet okyanuslarını kavuşturan bu sohbetlerle ilgili Mevlana aşk, vecit ve istiğrak yaşadığı yaşamını üç kelime ile özetler:

"Hamdım, piştim, yandım."

Mevlana, Şems'in gidişinden sonra çok mutsuzdur. Onun sohbetlerini çok özlemektedir. Şems'in yaşayıp yaşamadığı bile bilinmemektedir. Onun gidişini şu cümlelerle anlatır:

"Onun ışığı vurmazdan önce ölü bir nakıştım sadece taş duvarlarınızda. O, elindeki yay ile vurmazdan önce tellerime, hep aynı nağmeyi çalıp söyleyen, kendi sesine yabancı bir kuru rebaptım. Ben onun avucunda bağlar, bahçeler, ağaçlar, deryalar gibi geniş, deryalar kadar berrak sular görürüm. Onun avucunda çıkan ağaçların gölgesinde dinlenirim. Lakin siz bunların hiçbirini göremezsiniz."

Yine Mevlana Şems'in gidişini, Çelebi Hüsamettin'e şöylece yazdırır:

"En aziz efendimiz, hayra davetçi, ruhların özü, kandil konan sırçanın ve kandilin sırrı, Hakk'ın ve dinin güneşi, Allah'ın önde gelenlerle sonradan gelenler içindeki gizli nuru, altı yüz kırk üç yılı şevvalinin yirmi birinci perşembe günü gitti."

Mevlana'nın eserlerini İngilizceye kazandıran ve bu konuda uzmanlığı bilimsel çevrelerce de kabul edilmiş bir akademisyen olan Reynold Alleyne Nicholson, bu olayı şöyle anlatır:

"Nesillere Tebrizli Şemseddin ismiyle intikal eden seyyah bir derviş 1244'te Konya'ya geldi. Uzun zamandan beri ilahi sevgilinin tam tasvirini arıyordu. Onun içindir ki Mevlana da ilahi aşkı onda gördü. Sonra Şems Şam'a gitti. Şems'in bu ayrılışı, Mevlana'daki sevgiyle orantılı olarak büyük bir hasret ve ıstıraba dönüşür."

Kendisine Şems'le ilgili birçok haber gelirdi. Birçoğu da asılsızdı bu haberlerin. Bir grup adam Şems'i gördüklerini söylediğinde onlara hediyeler verirdi, her güzel habere bir hediye... Etrafındakiler gelenlerin yalancı olduklarını söylediğindeyse Mevlana, "*Yalanına çulumu verdim, gerçeğine canımı veririm...*" derdi sadece.

Ayrılık onu çok yıpratacaktır. Şems'in gidişine neden olan dedikoduları çıkaranlar bunu Mevlana'nın yeniden kendileriyle ilgilenmesi, derslere, halka dönmesi için yapsalar da Şems'in gidişi ile Mevlana'yı da kaybettiklerini anlarlar.

"Hüzün taze tutar aşk yarasını.
Yaramdan da hoşum, yârimden de..."

"Sessizlik en
güzel sestir,
duyabilen için..."

Şems'in üç ispatı

"Her şeyin bir hesabı var, üzdüğün kadar üzülürsün."

Şems tüm hayatını İslam dinine adamış, bu anlamda her türlü ilmi daha çok küçük yaşlardan itibaren en ünlü şeyhlerden almıştır. İslam'da hâlâ en büyük sayılan isimlerin sohbetlerinde bizzat bulunup onları dahi sarsacak en derin soruları sormuştur. Bu derinliği bulduğu tek kişinin Mevlana Celaleddin-i Rumi olduğunu söylemiştir. Ancak Mevlana'yla buluşuncaya dek öğrendikleri, öylesine tüm şeyhlerin toplamı gibidir ki, arkasında sırlı üç büyük bilgi, üç büyük tasavvufi kavram, kuram, kanun bırakmıştır.

Bunların ilki Allah'ın varlığı, ikincisi şeytanın varlığı, üçüncüsü ise ahirettir. Bu üç konudaki ispatı dönemin ahalisini şaşırtır.

Mevlana Celaleddin-i Rumi'ye birçok filozof sohbet etmek ve sorular sormak için gelirdi. Mevlana ise Şems'le sohbetleri başladıktan itibaren insanlarla bu tür sohbetleri kendisi yapmaktan imtina ettiğinden Şems-i Tebrizi'ye bırakırdı.

Bir gün yine öyle yapar ve sohbeti Şems'e bırakır. Filozoflar Şems'in yanına giderler. Şems o sırada mescitte, öğrencilere bir kerpiçle teyemmümün nasıl yapılacağını göstermektedir. Gelen filozoflar sorularını sormak isterler. Aralarından bir sözcü belirleyip sormak istedikleri üç soruyu yanıtlaması için Şems'e yöneltirler. Şems üç soruyu da ardı arkasına sormalarını rica eder. Filozofların hepsini temsilen bir filozof sorularını sıralar.

İlk soru "Allah var dersiniz. Ama görünmez. Göstermezsen nasıl inanalım?" şeklindedir. İkinci soru ise "Şeytanın ateşten yaratıldığını söylersiniz, sonra da ateşle ona azap edilecek dersiniz. Hiç ateş ateşe azap eder mi?" olur. "Ahirette herkes hakkını alacak, yaptıklarının cezasını çekecek diyorsunuz. O zaman bırakın insanları canları ne istiyorsa yapsınlar, karışmayın. Neden karışıyorsunuz?" diyerek son sorusunu sorar.

Şems hepsinin yüzüne uzun uzun bakar. Filozoflar yanıtlayamayacağını düşündükleri için ona gülümserler. Bunun üzerine Şems elindeki kuru kerpici, seçilen temsilcinin başına vurur.

Filozoflar şaşkınlık içindedirler. Kafasına vurulan adam, "Başımı yaracaktınız, ağrıdan duramıyorum neden bunu yaptınız?" diye sorar. Şems "Dinleyin..." der:

"Bana Allah-ü Teâlâ'yı göster de inanayım dediniz. Şimdi bu arkadaşınız, başının ağrısını göstersin de görelim. İnanmamız için gösterebilir misin?" diye sorar. Filozof "Ağrıyor ama gösteremem..." der. Şems "İşte Allah da böyledir. Sen gösteremiyorsun diye nasıl ki başının ağrısı yok değildir Allah da sen görmüyorsun diye yok değildir..." deyip devam eder.

"Yine bana, şeytanın ateşle nasıl azap çekeceğini sordunuz. Ben toprakla arkadaşınıza vurdum. Toprak onun başını acıttı. Oysa onun bedeni de topraktan yaratıldı. Ama toprak toprağın canını acıttı..." der. Filozoflar büyük bir sessizlik ve kabul içinde dinlemektedir. "Yine bana, 'Ahiret varsa o zaman bırakın herkesin canı ne isterse onu yapsın. Bundan dolayı bir hak olmaz...' dediniz. Benim canım arkadaşınızın başına kerpici vurmak istedi ve vurdum. Niçin itiraz edip hakkınızı arıyorsunuz?"

"İlmi olmayan bir beden,
suyu olmayan bir şehre benzer."

"Şeriat der ki:
Seninki senin,
benimki benim.
Tarikat der ki:
Seninki senin,
benimki de senin.
Marifet der ki:
Ne benimki var
ne seninki.
Hakikat der ki:
Ne sen varsın
ne ben."

Eşsiz bir Hak aşkı

"Yürek ay gibidir.
Vakti gelince tutulur."

Mevlana'ya sormuşlar "Aşk nedir?" diye. "Ben ol da bil!" demiş.

Onların birbirlerinin yüzünden yansıyan Hak aşkını bilmek anlamak ne mümkün?

Onların yüzdüğü o derin sulara ayaklarımızı değdirebilmek dahi büyük mucize olurdu bizim için. Sadece anlatılanlardan duyabildiğimiz kadardır nasibimiz. O da sınırlıdır, aklımız, kalbimiz ne kadarını alabilirse o kadarını alır.

Aşkın farklı tanımlanma şekilleri vardır. Tasavvufa göre "aşk", Allah'a ulaşma yolculuğundaki en önemli "kılavuz his"tir. Sufiler, Allah'a ulaşmada aklın yetersiz olduğunu hatta aklın sınırlandırıcılığı nedeniyle ona ulaşmayı zorlaştıracağı görüşündedirler. Allah "Ben gizli bir hazineydim, bilinmeyi arzu ettim, âlemi yarattım!" buyurur. Sufilere göre ilahi aşkın kaynağı bu bilinme arzusudur.

Bir gün birisi Mevlana'ya "Ben seni seviyorum, diğerlerini de senin için seviyorum..."

Mevlana ona şu cevabı verir:

"Eğer bu diğerlerinden maksadın Şems ise bu iyi. Ama eğer beni onun için seversen bu daha iyi, sevgiliden başkası sevgiliye uyuluş için sevilir."

Mevlana yaşadığı aşkı etkili ama sade bir dille anlatır. Bazen hikâyelerle bazen vurucu benzetmelerle yaşadığı yüce duyguları ve ruhunu bizlere de geçirmeye çalışır. Bu sadelik içinde bile, büyük bir derinlik vardır. Sevginin ve acının şu alıntıda anlatıldığı gibi:

"Şems'in Şam'a gittiği acılı günlerden bir gün, Mevlana'nın medresesindeki Şems'e ait bölüme bir usta tamir maksadı ile çivi çakıyormuş. Mevlana oradan geçerken bunu görünce, 'Bizim bu medrese velilerin durağıdır. Bu

kısım ise, Şems'indir. Buraya çivi çakmaktan korkmuyor musun? Bana sanki bu çiviyi ciğerime saplıyorlarmış gibi geliyor!' demiş."

Mevlana, önemli eseri *Mesnevi*'nin 117. beytinden 144. beyte kadar Şems'ten ve Şems'in hallerinden bahseder. Bu bahislerin birisinde ise, aralarından yansıyan Hak aşkını şöyle anlatır:

"Aşk susuzdur, susuzu arar; bunlar gece ile gündüz gibi birbirlerini kovalar dururlar! Gündüz geceye âşıktır; hem de çaresiz bir âşık! Fakat geceye bakarsan, o da gündüze, daha da fazlasıyla âşıktır! Onlar; birbirlerini aramaktan bir an bile vazgeçmezler; birbirlerinin arkasından koşar dururlar, bir an bile durup dinlenmezler! O bunun ayağına yapışmıştır, bu onun kulağını tutmuştur! Bu ona dalmıştır, o da bunun yüzünden aklını kaybetmiş, kendinden geçmiştir! Maşukun gönlünde ne varsa, hepsi de âşıktır; Azra'nın gönlünde hep Vamık vardır!"

Aşktan bahsetmişken, Mevlana'nın sıkça bahsettiği "maşuk"tan da bahsetmek gerekir. Maşuk, aşktaki özne yani sevgili demektir. Hayatının tamamını Hak aşkı ve bunun üzerine kurduğu felsefeye adayan Celaleddin-i Rumi, Şems-i Tebrizi ile gelişerek "Mevlana" olmuştur. Bu makam ise maşukiyet makamıdır.

Aralarındaki Hak aşkı yolculuğunu farklı ve eşsiz kılan da budur. Şems bir ayrılık gecesinde, yüreğini yakan acı ile şu satırları şiire çevirir:

"Kalk, silkelen, kendine gel.
Umutsuzluğa sarılma.
Umutsuzluk şeytandan,
ümit etmek ise Allah'tandır."

"Mevlana benim sözümü benden daha iyi aktarır. Ama yine de benim sözümü nakletmiş olmaz."

Şems'ten ruha şifa 11 anlatı

"Bildiklerini unut.
Yeni başlayan güne bilgilerini silmekle başla.
Zanlarını, yargılarını, önyargılarını ve
bütün genellemelerini sil, terk et."

Şems ve Mevlana zaman zaman da yazışmaktaydılar. Bu yazışmalarda her ikisinin de Allah'a olan aşkları, Hz. Muhammed'e olan sevgi ve saygıları taşar satırlardan. Yazılanlar o kadar güzeldir ki, bu metinler bir yandan, edebiyatın en değerli eserlerinden olurken, diğer yandan hem sufiler hem de tüm inananlar için, Allah yolunda yürüyüşün birer örneği haline gelirler.

1. Sana yoldaşlık eden senden üstün olmalı!

Hazreti Peygamber şöyle buyurmuştur: "Bu nurdan kendilerine erişmiş olanlar, şüphe yok ki, nefsinden arınır ve Allah'tan aydınlanırlar. Ama bu, bütün bir topluma erişmez. Ne mutludur o kimselere ki, benim yolumda yürürler."

Hazreti Peygamber varken nerede kılavuz arıyoruz? Arayacağımız kılavuz yanımızda. Yola çıkacaksak, yol arkadaşımız yanımızda. Bu yolu uzun uzun yürüyeceksek, yoldaşımız yanımızda. Bize yoldaşlık edecek olanın bizden üstün olması, o yolun aydınlanmasıdır. Bizim için ise en aydınlık yoldaş hiç kuşkusuz Hazreti Peygamber'dir. Ondan başka kılavuz aramak neden?

İnandıklarınızın arkasından yürürken, aydınlığa ihtiyaç duyduğunuzda O size yeter.

2. Nur üzerine nur olur mu?

Bana sohbetlerimde, içi huzur dolan insanları anlattılar. Sonra insanlar kendileri de bu sohbetlerde hissettikleri huzuru içlerindeki nurun hissiyatını anlattılar. Sonra bir gün karşımda Mevlana'yı gördüğümde hissettiğim huzuru ve bilginin nurunu, istiharede sordum. Dediler ki: "Evet olur." Ben de "Ne olur?" diye sordum. Dediler ki: "Nur üstüne nur olur!"

3. Makamım hiç olmasın...

Şeyh Bayezid hazretlerinin karşısında ağlıyordum. "Şeyh her şeye erişmenin yolu, Muhammed'in yoludur..." diyerek bana gülümsüyordu. "Senin makamın neredededir?" diye sordu. Makamım yoktu, hiç olmayacaktı. Meselem o değildi çünkü. Şeyhi bunun biliyor ama yine de soruyordu. Ben, kendimde yok olma haliyle Allah'la var olma halini arıyordum. O ise bana "Fena fillah, beka billah!" dedi.

Gözyaşlarımla aradığım tam da buydu.

4. Söz, söyleyeni de anlatır...

Aşk ne kadar fazla olursa, sevgili de olgunluğunu ve güzelliğini o kadar hoş gösterir. Âşık olana daha hoş görünür.

Her yerde bu sözün manası nedir diye aradım. Sözün ne anlama geldiğini bilmez değildim. Esas olan sözün anlamını öğrenmek değil. Herkes sözden bir şey anlar. Ama herkes kendi halini anlar ve anlatır. Hangi sözü sorarsanız sorun alacağınız cevap, cevabı verenin kendisini anlatır. Söz söylerken herkes kendi haline ait sözün yorumunu yapmış olur. Yoruma dikkat edin ki, onun halinin ifadesini de anlayasınız.

5. Dostumun dostu, dostumdur...

Adamın biri, başka birisi için kötü şeyler düşünüyordu. Öteki de onun hakkında aynı düşüncede idi. Arada üçüncü bir adam vardı ki, hem onun hem de bunun dostu idi. Dedi ki: "Şimdi bu iki hasım karşılaşacak, bakalım ne olacak?"

Onların karşılaşacağı bir yerde durdu ve bekledi, iki dostu oradan geçsin diye. İlk dost ile göz göze gelince, onun ayağına kapandı, diğerine bir şey yapmasın diye. Öteki dost bunları görünce bıçağını yere fırlattı. O da aracı dostun ayağına kapandı. "Vah!" dedi. "Düşmanım senin dostun, sen de benim. O halde o da düşman olamaz. Ben dostumun dostuna zarar veremem, ancak dost edinirim."

6. Neyle sınanıyorum?

Allah Şuayip Peygamber'i gözleri görmez olarak yarattı. Şuayip ona razı oldu. Aziz kulların yüzlerini göremiyordu, ama mana âleminde görüyordu. Bu zahirde hoş olur. Bir şey eline geçmeyince, ona da razı olur. Ama razı olmak için derler ki, insan ağırbaşlı olsun ve aklını yokluk üzüntüsü ile uğraştırmasın. Eyüp Peygamber, bedeninde yara açan o böceklere razı olmuştu; gönlünü hep onlara vermişti. Düşünmüyordu ki, bu daha ne zamana kadar sürecek? Yahut, "Ya Rabbi bu ıstırabın ne zamana kadar süreceğini bana bildir!" demiyordu.

Dara düşmenin, düşülen darlıkla ilgisi yoktur. Dara düşenin neyle sınandığını anlamakla ilgili bir sorumluluk vardır. Bu sınav bunu anlayarak geçer. Darlığı aydınlığa kavuşur.

7. Bu dünyanın cenneti...

Dedim ki: "O namazı niçin kılmıyorsun?"

"Allah emrettiği için!" dedi.

"Nerede buyurdu bunu?" diye sordum.

"Sarhoş iken namaza yaklaşmayınız dedi..." diye ekledi.

"Onu sen oku!" dedim.

Her ayet müminlerin hali hakkındadır. Onlar için indirilmiştir. Ondan sonra başka bir ayet de, kâfirler içindir. Ama hep lütuf vardır. Er ya da geç cehennemden geçer, öte tarafında cennete varırsın. Sonsuz, uçsuz bucaksız, lütuf ve mutluluk âlemidir o. Kendine bu dünyada yarattığın cehennemin ötesine geçme şansı ver. Burada da cennete girebilirsin.

8. Zamanın izafiyeti...

Hazreti Muhammed, kırk yaşına kadar davette bulunmadı. Sonra tam yirmi üç yıl halkı İslam'a davet etti. Bu müddet azdı. Ama Allah ile birlikte geçen her an bilesin ki, ölümsüz ve sonsuzdur. Bu zaman zamanların ötesinde, bu an anların ilerisinde bir yerdir. Allah ile zaman geçirmek bundan önemlidir.

9. Hakikate duyulan açlık...

Henüz çocukluk çağındayken kalbime düşen Allah aşkı yüzünden hiçbir şey yemek istemiyordum. Hep Allah'la zaman geçirmek istiyor, yemeğe dahi zaman ayırmak istemiyordum. Birisi yanımda yemek sözünü etse ben hemen elimi ve başımı geri çekerdim. Yemek zamanı geldiği vakit bana lokma verseler kabul ederdim, alırdım ama yenimin içine saklardım.

Bir gece bir hal oldu. Bu aşk haliyle semadayken, o coşkun dost beni yakaladı. Bir kuş yavrusu gibi beni dolaştırdı. Üç gün yemek yememiş haldeydim. Beni dolaştırıyordu. İki gözüm iki kan çanağı gibiydi. Bir ses yankılandı "Henüz hamdır!" diye. "Onu kendi köşesine salıver ki, kendi kendine yansın!" dedi ses. Beni kendi semama bıraktı. O an anladım. Açlığım hakikateydi.

10. Mana içinde mana...

Musa Aleyhisselam, bir dervişin eline iki testi verdi. Su getirmesini istedi. Sonra eline bir ekmek parçası verdi. İkinci gün derviş Musa'ya bir soru sormak istediğini söyledi ve sordu:

"Ey Musa, 'Allah benim katımda söz değiştirilemez...' ve sonra kulunun dilinden, 'Ya Rabbi sen verdiğin sözden dönmezsin...' buyurmuştur. Bu nedir?"

Musa, dervişe, "Sana konuk geleceğim..." dedi.

Derviş şaşırarak, "Ey niyaz ehli olmayan yüce peygamber, bu nasıl olur?" diye sordu.

Musa sordu:

"Cüz ile cüzi ve kül ile külli arasında ne fark vardır?"

Derviş, güldü ve "Hoştur..." dedi.

İşte mana içinde aranan mana budur. Hoşnutluk Allah'tandır.

11. Nefsini unutmak...

İnsan bir maksat için yaratıldı. Nereden geldiğini ve nereye gideceğini bilmeli. İç ve dış duyguları da bunun için verildi. Çünkü bu duygular, bu yolda gerekli araştırmayı yapabilmek için lüzumlu birer araç. Hayatı neşeli olmayınca insan, kendisini emniyette bulmaz. İlim ile uğraşmak dünya işlerinin en iyisidir.

En iyi öğütçüler, son günlerinde şunu söylemişlerdir: Dünyada elimizde kalan son nasip, cefa ve günahtır. Bu, bütün cihana karşı verilmiş bir öğüttür ki, o zaman zorlanma zamanı değildir. Yahut sözü biraz açıklayarak derler ki: "Ruhlarımız bedenlerimizden ürkmektedir. Çünkü dünyamızın kazancı zahmet ve günahtır." Bu yüzden unutma; sözü kendinden uzak söyleyerek, başkalarına öğüt vermek, kendi nefsini unutmaktır.

"Aşk, 'Her şeyi senin için var ettim!' diyen Allah'a, 'Her şeyi senin için terk ettim...' diyebilmektir."

"Sığ suları
en hafif
rüzgârlar bile
coşturabiliyor.
Derin denizleri ise
ancak derin sevdalar.
Anladım ki,
derin ve esrarengiz olan
her şey susuyor.
Anladım ki
susan her şey
derin ve heybetli."

"Ne olursan ol,
yine de gel!"

"Bilesin, üstüne aşk giydirdiğim yüreğime söz verdim. Hiçbir harfi, sensiz bir cümleye kurban etmemeye."

"Ey kalbimizde olan nur!
Gel, didinmelerimin ve arzumun sonu, gel!
Hayatımızın senin elinde olduğunu biliyorsun.
Hayatı kullarına sıkıntı yapma gel.
Ey aşk! Ey sevgili!
Engelleri aş ve inadı bırak da gel.
Ey hüthütlerin sahibi olan Süleyman!

Lütfedip de bizi aramak üzere gel.

Ey sevmede birinci gelen kişi!

Aşkın gerçeği seni geçip birinci oldu, gel.

Ruhlar senin kaybolmandan ötürü inleyip feryat etmekteler.

Miadını doldur da gel.

Ayıpları ört, iyilikleri saç.

Cömert olanların âdeti de böyledir, gel.

Farsça gel nasıl derler? Biya mı?

Ya gel ya da bizim davetimize hak ver de gel.

Geleceğin zaman muradımız ne de açılır.

Gelmeyeceğin zamanda muradımız ne de kesat olur, gel.

Ey Arap'ın Küşat'ı! Ey İran'ın Kubat'ı!

Kalbimi hatıranla fethedersin, gel.

İçim sana gel deyicidir.

Ey senin varlığından olacak varlık, gel.

Ey benim ayım! Senin için ülkeleri dolaştım.

Beni ve ülkeleri çevrelediğin halde gel.

Sen yaklaşan ve uzaklaşan güneş gibisin.

Ey kullara yakın olan, gel."

Bu satırlarla Mevlana, Şam'da olduğunu öğrendiği Şems'e seslenir. Bir mektup halinde özel bir ulakla gönderilir. Üzerinden aylar geçmesine rağmen Şems'ten hiçbir cevap gelmez. Şems'in eline geçmesine rağmen mektuba cevap vermediği bilinmektedir. Ancak Şems, bunun Mevlana'yı daha da olgunlaştıracağını düşünmektedir. Bir süre sonra Mevlana yeniden yazar:

"Ey dünyanın zarifi, selam sana. Şüphe etme, sağlığım da, hastalığım da senin elinde. Derde düşenin ilacı nedir söyle? Mademki sözsüz hitap ulaşmıyor, o halde dünya niçin lebbeykle doldu. Nahs, sana beni sa'da çevir der, sa'd sana, ey iki saadet der. Senden feryatla senin önüne gelirim. Ah, senden sana karşı yardım isterim."

Mevlana, Şems'e gönderdiği bu ikinci mektuptan da yanıt alamaz. Üçüncü mektubu gönderir:

"Vezirin ömrü yüce olsun. Tanrı onun bekçisi ve koruyucusu olsun. Talihlilerin ileride görecekleri her ne dirlik varsa, onun yanında peşin alınmış olsun. Onun tatlılığı ile dolu olan hararetli mecliste, donuk kalpli arkada bulunmasın. Gaibin kapısında bağları çözülmüş olan canlar, onun önünde halının nakışları gibi bağlı olsunlar. Sağında ve solunda olan devlet, güneyinde ve kuzeyinde de olsun. Cisim ve canın istediği ilde o, her ikisinin de padişahı ve valisi olsun. Şems-i Tebrizi nakit bir talihtir. O bana yeter. Ondan başkası krediyle olsun."

Bu üçüncü mektup üzerinde Mevlana'ya Şems'ten haber gelir. O da aynı coşkunluk, aynı özleyişle cevap vermektedir. Mevlana sevinç içinde gazeller yazar.

"Kalbi ile dili bir olan
insandan korkma."

"Sözün kıymetini
lal olandan,
aşın kıymetini
aç olandan,
aşkın kıymetini
hiç olandan öğren."

İlk ve son dönüş

***"Olmadı diye sızlandığın duaya,
gün gelir olmadı diye şükredersin."***

Mevlana aldığı haberin ardından artık dayanamayacağını anlayınca, oğlu Sultan Veled'i Şam'a göndermeye karar verir. Oğlunu çağırır ve şöyle der:

"Süratle Şam'a varıp, filanca hana gidersin. Şems-i Tebrizi hazretlerinin o handa bir genç ile sohbet ettiğini görürsün. O genci küçümseme sakın. O, Allah'ın sevdiği evliyanın kutuplarından birisidir. Selamımı ve dua isteğimi kendilerine bildir. İçinde bulunduğum şu vaziyetimi, hasretimi dile getir. Burayı acele teşriflerini tarafımdan istirham et."

Sultan Veled, babası Mevlana'nın Şems'in gidişinden sonra düştüğü derin üzüntüyü görmüştür. Hemen hazırlıklarını tamamlayıp yola çıkar. Şam'da, her yeri araştırır. Günler günler sonra bir handa Şems-i Tebrizi'yi bir gençle konuşurken bulur. Durumu dilinin döndüğü kadar anlatır. Konya'da bu hadiseye sebep olanların tövbe ettiğini ve Mevlana'dan çok özürler dilediklerini de sözüne ekler. Bunun üzerine Şems-i Tebrizi, Konya'ya tekrar gitmeye ikna olur.

Birlikte hazırlanıp yola çıkarlar. Sultan Veled, Şems'i ata bindirip, kendisi de arkasında yaya olarak yürür. Şems-i Tebrizi, Sultan Veled'in ata binmesi için ne kadar ısrar ederse de Veled, "Sultanın yanında hizmetçinin ata binmesi bizce yakışık almaz!" diyerek ata binmez. Konya'ya yaklaştıklarında Mevlana'ya haberci gönderip, Konya'ya girmek üzere olduklarını bildirirler. Mevlana müjdeyi getirene o kadar çok hediye verir ki o kimse zengin olur.

Şems'i Konya'dan göndermek istediklerinin aksine tellallar tutularak Şems'in Konya'ya gelmek üzere olduğu bildirilir. Konya'da başta padişah olmak üzere, ileri gelen vezirler, hâkimler, zenginler ve bütün halk yollara dökülür. Büyük bir bayram havası içinde Şems-i Tebrizi karşılanır. Mevlana'nın medresesinde Şems, Sultan Veled'in kendisine gösterdiği hürmeti ve yaptığı hizmetleri Mevlana'ya anlatır. Mevlana ise bundan memnuniyetini dile getirir ve ağzından şu sözler dökülür:

"Benim bir başım, bir de sırrım var. Başımı sana feda ettim. Sırrımı da oğlum Sultan Veled'e verdim. Eğer

Sultan Veled'in, bin yıl ömrü olsa da hepsini ibadetle geçirse, ona verdiğim sırra, yani evliyalıkta yükselmesine sebep olduğum derecelere kavuşamaz."

Mevlana ve Şems, sohbete başlarlar. Bu kez, hasret acısının da etkisi ile, öncesinden de çok kapanırlar. Yanlarına Sultan Veled'den başkası giremez ve onları kimse göremez. Onlar, hiç dışarıya çıkmaksızın, manevi bir âlemde mana arayarak ilerlemeye başlarlar.

Halk kendilerinin gereken dersi aldıklarını ancak Şems'in gelişi ile Mevlana'nın da gereken dersi almış olduğunu düşünürken, tam tersine, eskisinden daha fazla Şems'e bağlandığına ve halkla arasındaki bağların tamamen koptuğuna tanıklık ederler.

İçeride Şems-i Tebrizi, Mevlana'yı evliyalık makamlarına ulaşsın diye eğitirken, halk yeniden hareketlenmeye, önceden ikna olmayanların kışkırtmasıyla eskisinden de çok öfkelenmeye başlar. Mevlana'nın hiç görünmemesinden dolayı Şems'e kızmaya başladıklarını Şems duyunca, Mevlana'nın oğlu Sultan Veled'e, "Ey Veled! Hakkımda yine suizan etmeye başladılar. Beni Mevlana'dan ayırmak için, söz birliği ettiler. Bu seferki ayrılığımın acısı çok derin olacak!" der.

"Yüreğime talipsen yalnızlığını bana adayacaksın."

"Derdini
sade anlatan
adam dertlidir.
Güzel anlatan
edebiyatçı,
haliyle anlatan
âşık,
tebessümüyle
örten ariftir."

"Hakkını helal et!"

"Ey benim yetim gönlüm.
Bırak gamlı düşünmeyi.
Sus ve sabret!
Gözyaşının hesabını
Rabbim sorsun.
Sen hakkını helal et!"

Kimi gidişler, sonunu bildiğimiz halde kaçınılmazdır. Bu bir sufinin yine de şükredeceği anlardandır.

1247 yılının soğuk ve sisli bir aralık gecesi Mevlana ile Şems, her zamanki gibi odalarında derin bir sohbet içindedirler. Allah'ın şükre verdiği önemden ve çeşitli evliyalık makamlarından bahsediyorlardır. Sohbetlerindeki derinliğin halleri o zaman kimsenin doğrudan anlayamayacağı bir ilmin sonucudur.

O esnada dış kapının çalındığını işitirler. Ardından bulundukları odanın kapısı çalınır ve Mevlana'nın hanesinden bir kişi, odaya girmeden, "Şems-i Tebrizi'yi isteyen yedi kişilik bir grup geldi..." der.

Şems-i Tebrizi, hiç tereddüt etmeden ayağa kalkar. Mevlana'ya, "Beni katletmek için çağırıyorlar..." der. Mevlana'nın ilk sözü "E la lehul halku vel emr!" olur. Bu cümle Kuran-ı Kerim'in Araf Suresi'nin 54. ayetinde geçen "Yaratmak da emretmek de yalnız O'na özgüdür!" cümlesidir.

Ardından Mevlana dışarıya çıkmamasını söylese de Şems, "Ey benim yetim gönlüm. Bırak gamlı düşünmeyi. Sus ve sabret! Gözyaşının hesabını Rabbim sorsun. Sen hakkını helal et!" diyerek evden çıkar.

Dışarıya çıkar çıkmaz, bu yedi kişilik grup bir anda üzerine atılırlar. Arkasından dışarıya çıkmaya çalışan Mevlana içeriden Şems-i Tebrizi'nin sesini duyar. Şems'ten işittiği şey sadece tek kelimedir: "Allah!"

Ardından Mevlana hemen dışarıya çıksa da yerde duran kan lekelerine rağmen dışarıda kimseyi görmez. Oğlu Sultan Veled'i uyandırır ve gidip bakmasını söyler. Haftalarca uğraşılmasına rağmen Şems'le ilgili ne bir bilgi ne de cesedi bulunur. Cinayeti işleyen yedi kişiden birisinin halk tarafından kışkırtılan Mevlana'nın diğer oğlu Alâeddin olduğu öğrenilir.

Mevlana'nın bir yandan dinmez acısına, bir yandan bitmek tükenmek bilmez yasına, diğer yandan yarım kalışının azabına bir de Şems'in cesedinin dahi bulunamayışı eklenir. Şems'in cesedinin nerede olduğunu Sultan Veled gördüğü rüya ile bulacaktır.

Bir gece Sultan Veled, rüyasında Şems'i bir kuyuda görür. Uyanır uyanmaz bu kuyu bulunur. Haftalar geçmesine rağmen ilk günkü gibi duran Şems'in cesedi oradadır.

Şems, Mevlana'nın medresesine, medresenin mimarı Emir Bedreddin Gehertaş'ın yanına defnedilir.

Şems'ten Mevlana'ya bir Hazreti Mevlana kadar derinlik, anılar ve bir şiir kalır.

"Hüzün ki en çok yakışandır âşıklara
Yandık, yakıldık
Ama hüzünden yana asla yakınmadık.
Ne de olsa biz mahzun bir peygamberin
ümmeti değil miyiz?
Hüzün taze tutar aşk yarasını
Yaramdan da hoşum, yârimden de."

"Olduğu kadar, olmadığı kader."

"Üstadın aşktır senin.
Oraya erişince
O sana hal diliyle
Anlatır ince ince."

Şems'e sorular ve cevapları

"Okuyarak öğreneceksin
ama severek anlayacaksın."

Dost meclislerinde Şems'i bulan herkesin en büyük heyecanı ona sorular sormak ve cevaplar almaktı. Kimi zaman hiç soru sorulmadan kendisi anlatmaya başlar, kimi zaman ise, mecliste bulunanların birbiri ardına sorulan sorularına yanıt verirdi. İslam tarihi boyunca, Şems-i Tebrizi'nin yanıtları, birçok ulema tarafından bir doktrin olarak kabul edilmiş, günümüze kadar bu yanıtlar, İslam diniyle ilgili soruların yanıtları olarak kabul görmüştür. Aşağıda Şems'e sorulan ve kendisinin yanıtladığı sorulardan birkaçını bulacaksınız:

Allah korkusu nedir?

Kalbinden Allah geçtiğinde ürperti ile korkulacak, utanılacak, çekinilecek bir varlık hissi hissediyorsan; sen de korku, utanç ve çekinmen gereken bir hayat içindesin demektir. Yok eğer Allah dendi mi, ilk olarak kalbinde aşk, merhamet ve şefkat hissediyorsan, bu vasıflar sendedir demektir. Allah'tan korkmak, en sevdiğinizi incitmekten korkmaya benzer bir hassasiyet demektir.

Marifet nedir?

Bir gönül ki, Allah'ın muhabbetiyle yanıp, onunla hayat buluyorsa, bu marifettir.

Ne yaparsak bu marifeti elde ederiz?

Bedeni terk ederek. Çünkü Allah ile kul arasındaki perde, kişinin bedenidir. Allah'a vasıl olmaya engel olan dört şey vardır:

1. Şehvet. 2. Arsızlık. 3. Mal ve makam. 4. Kibir.

İşte bu dört şey, kulun Hakk'a ulaşmasına engeldir.

Söz mü sükût mu?

Gerektiğince konuşmak, gerektiğince susmak doğrudur. Susman gereken yerde konuşmak da, konuşman gereken yerde susmak da seni, alacağından mahrum eder. Çok konuşmak marifetten değildir. Nefsimize bizi köle eden çoğu şey, dilden kaynaklanır. Oysa hakikat aşkta dil hükmünü yitirir.

İnsanların en üstünü, en kıymetlisi kimdir?

Şu dört kimsenin kıymeti, Allah'ın katında yüksektir:

1. Şükreden zengin. 2. Kanaatli ve sabreden fakir. 3. İşlediği günahlara pişman olup Allah'ın azabından korkan kimse. 4. Takva sahibi yani haramlardan sakınıp, dünyaya zerre kadar meyletmeyen kimse.

Sahavet nedir?

Dört türlü sahavet (cömertlik) vardır:

1. Mal cömertliği. Onlar malı verirler, marifeti, Allah'ı tanımayı alırlar. 2. Beden cömertliği. Müçtehit olan âlimlere mahsustur. Onlar da Allah'ın yolunda vücutlarını

harcarlar ve hidayeti alırlar. 3. Can cömertliği. Şehitlere mahsustur. Onlar da canlarını vererek cenneti alırlar. 4. Kalp cömertliği. Ariflere mahsustur. Onlar da gönül vererek muhabbeti alırlar.

Dünya yaşamından korunmak mı lazım?

Korkmak gereksiz. Ancak doğru yaşamayı bilmek lazım. Ama ölçülü. Çünkü dünya yaşamı insanı, heva ve hevesine kaptırır, nefsin arzularına uydurur. Neticede cehenneme götürür. Oysa ahireti kazanmak için çalışmak lazımdır ki bu, insanı cennete götürüp, Allah'ın cemalini görmekle şereflenmeye sebep olur.

Peki Mevlana?

Dünyanın hiçbir yerinde Mevlana'nın eşi ve benzeri yoktur. Bütün fenlerde, temel bilgilerde, din bilgisinde, gramer, sentaks, mantık ilimlerinde en büyük uzmanlarla kuvvetle konuşur, tartışır; onlardan daha üstün, onlardan daha zevkli, onlardan daha latiftir. Gerekirse, gönlü isterse, üzüntüsü engel değilse ve konunun tatsızlığı sebep olmazsa, hepsinden daha yetkili konuşur. Ben akıl yönünden bilinmesi gerekli bu bahislerde yüz yıl uğraşsam ondaki ilim ve hünerin onda birini elde edemem. Halbuki o kendisini bilmezlerden sanır ve öyle zanneder. Benim önümde, beni dinlerken, nasıl anlatayım, ayıptır söylemesi, babasının önüne oturmuş iki yaşında bir çocuk yahut Müslümanlığa dair hiçbir şey işitmemiş dönme bir Müslüman gibi öylesine utangaç bir hal alır.

Mevlana'ya ne öğrettin?

Ben ona onda olmayan bir şey öğretmedim. Aksine, onda olanı görmesini sağladım. Aklının esaretinden kurtulmasının yollarını öğrettim. Çünkü aklın sınırları bellidir. Bunun dışına çıkmak akıl sağlığını bozar. Oysa gönlün sınırı yoktur, sonsuzdur. Bu sonsuzluğun içindeki teskin olma noktası ise fenafillahtır. Yani tefani sırrıdır. Ben bunu öğrettim. Ölmeden önce ölmüş gibi olmayı öğrettim. Bu yokluk sırrına ermektir. Allah'ın varlığında yok olmak, erimek anlamına gelir. Ben Mevlana'ya bunların yolunu öğrettim.

Hilaf neden önemlidir?

Hilaf tartışma demektir. Bilgiyi yek başına edinme hem yeterli değildir hem de teyit edilmiş değildir. Hakikate erişmenin ikinci en önemli yolu öğrenmektir.

Ancak en önemli yolu ise sorgulayarak öğrenmektir. Sorgulamak başka düşüncelerle kendi düşüncemizi tartıştırarak olur. Doğrudan usanırsak hilaf ilmini öğrenmek gerekir. Hilaf, değişik söz ve fikirlerin karşılaştırılmasıdır. Birinin sözü yalan ise bunun tartışılmasına lüzum yoktur. Bütün sözleri doğru ise yine ortada bir uygunsuzluk ve aykırılık olmadığı için tartışma konusu olamaz. Düşüncemiz ya da bilgimiz ya tartışılamaz bir hakikattir ya da onu tartışmaktan kaçınmamamız gerekir.

İlk Müslüman'ı nasıl bilirsin?

İlk Müslüman Hazreti Muhammed Mustafa'dır. Kuran-ı Kerim'de Allah, "Rahman arşın üstündedir, arşa hâkimdir!" buyurulmuştur. O arş denilen makam, Hazreti Muhammed'in kalbidir. Kuran'da Taha Suresi, Hazreti Muhammed'in hikâyesini anlatır. Bu surede Allah, "İncinme, bu Kuran'ı sana zahmet vermek için indirmedik!" buyurur. Başka bir ayette ise, "Yerde ve göklerde ne varsa, Allah'ındır!" buyurulmuştur. Burada göklerden maksat, onun dimağı; yerden maksat da onun vücududur. Hep onun hikâyesi; arş üzerine hâkim olmak, onun halidir.

Allah'a nasıl ulaşılır?

Allah'ı aramak yetmez. Allah'ı anlamak gerekir. Bu da zordur. O'nun sıfatlarını da aramak gerekir ki bunu kâinattaki her zerrede bulabilirsin. Çünkü O, camide, mescitte, kilisede, havrada değil her yerdedir. O'nu anladıkça aramak yerine anlamanın önemini yaşamaya başlarsın. Allah'ı görüp yaşayan olmadığı gibi, O'nu görüp ölen de yoktur. Kim O'nu bulursa sonsuza dek O'nda kalır.

"Anladım ki: İnsanlar susanı korkak, görmezden geleni aptal, affetmeyi bileni çantada keklik sanıyorlar. Oysaki, biz istediğimiz kadar hayatımızdalar. Göz yumduğumuz kadar dürüstler ve sustuğumuz kadar insanlar."

"Testi,

içinde

ne varsa

onu sızdırır."